용감무쌍한 삼형제
탈론, 루벤, 보우에게
– 카를라

집 밖 모험을
사랑하는
세렌과 엘시에게
– 캐서린

캐서린 아드 글
어린이들을 위한 많은 책을 쓰고 편집했어요. 가족과 함께 영국 브리스톨에 살고 있어요.
캐서린이 일하는 동안, 반려견 애니는 언제나 그녀의 발치에서 잠을 잔대요.

카를라 맥레이 그림
호주 출신의 일러스트레이터로 멜버른에서 살며 일해요. 편집, 출판, 브랜딩 등 다양한 작업을 하지요.
또 양말을 디자인하고 커다란 벽화에 그림 그리는 것을 좋아해요.

폴리 자먼 조사
어린이를 위한 환경 교육과 바깥 놀이 프로젝트를 진행해 온 연구자예요.

황유진 옮김
연세대학교에서 영어영문학을 공부했어요. 번역가이자 그림책 테라피스트로 활동하고 있어요.
『언니와 동생』『키스 해링, 낙서를 사랑한 아이』『내 머릿속에는 음악이 살아요』『지구는 네가 필요해!』
『딕 브루너』『내 멋대로 미술가』 등을 우리말로 옮기고, 『어른의 그림책』을 썼어요.

북극곰 궁금해 시리즈 11

자연에서 놀아요! 보고 듣고 만지고 느끼는 자연 탐험

2021년 4월 1일 초판 1쇄 ‖ 2022년 3월 19일 2쇄
글 캐서린 아드 ‖ 그림 카를라 맥레이 ‖ 옮김 황유진
편집 이지혜, 노한나 ‖ 디자인 기하늘 ‖ 마케팅 이향령, 신유정
펴낸이 이순영 ‖ 펴낸곳 북극곰 ‖ 출판등록 2009년 6월 25일 (제 300-2009-73호)
주소 서울시 마포구 독막로 320 B106호 ‖ 전화 02-359-5220 ‖ 팩스 02-359-5221
이메일 bookgoodcome@gmail.com ‖ 홈페이지 www.bookgoodcome.com
ISBN 979-11-6588-088-0 77400 | 979-11-89164-60-7 (세트) ‖ 값 15,000원

Original title: Let's Play Outdoors! Exploring Nature for Children
Illustrated by Carla McRae
Written by Catherine Ard
Original edition conceived, edited and designed by gestalten
Edited by Robert Klanten, Maria-Elisabeth Niebius and Amber Jones
Design and layout by Constanze Hein, BookBook
Research by Polly Jarman
Published by Little Gestalten, Berlin 2020
Copyright © 2020 by Die Gestalten Verlag GmbH & Co. KG
All Rights Reserved.
Korean translation © 2021 by BookGoodCome
Korean translation rights arranged with Die Gestalten Verlag GmbH & Co. KG through
Orange Agency

이 책의 한국어판 저작권은 오렌지에이전시를 통해 저작권자와 독점 계약한 북극곰에 있습니다.
저작권법에 의해 한국 내에서 보호를 받는 저작물이므로 무단 전재와 복제를 금합니다.

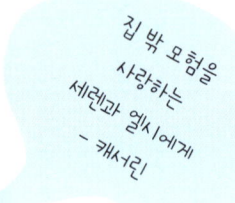
제품명 : 도서 | 제조자명 : 북극곰 | 제조국명 : 대한민국 | 사용연령 : 3세 이상
주의! 책 모서리가 날카로우니, 던지거나 떨어뜨려 다치지 않도록 주의하세요.

자연에서 놀아요!

보고 듣고 만지고 느끼는 자연 탐험

캐서린 아드 글 카를라 맥레이 그림 황유진 옮김

8/9 자연 탐험을 떠나요

10/11 자연을 보호해요

12/13 자연을 느껴요

14/15 창문 카메라 만들기

16/17 구름 관찰하기

18/19 나무 딸랑이 만들기

20/21 벌레 관찰하기

22/23 꿀벌은 소중해요

24/25 나무껍질 문지르기

26/27 자연 속 비밀 장소

28/29 모닥불 피우기

30/31 모닥불 주변에 둘러앉기

32/33 밖에서 요리하기

자연 탐험을 떠나요

멋진 자연으로 떠날 준비가 되었나요? 숲이나 공원에 가든 뒤뜰에서 놀든, 자연에는 일 년 내내 발견할 것이 가득해요. 가방을 메고 모자를 쓰고 친구와 함께 자연으로 떠나요!

이 책은 이렇게 읽어요

이 책에는 밖에 나가서 만들고 배우고 할 만한 일들이 가득 담겨 있어요.

자연을 돌아다니며 떠올린 생각들을 좋아하는 공책에 쓰고 그려 봐요.

책 곳곳에 나오는 야생 동물과 식물들이 여러분과 다른 동물을 지키고 보호할 방법을 알려 줄 거예요.

조심해요

안전한 탐험을 위해 다음 규칙을 지켜 주세요.

- 항상 어른과 함께해요.
- 모닥불 피우기, 요리하기, 도구 사용하기는 어른들의 몫이에요.
- 미끄러지지 않는 신발을 신으세요. 울퉁불퉁하고 젖어 있고 미끄러운 곳을 걸을 때 조심하세요.
- 어떤 곳에서는 매우 위험한 야생 동물을 만날 수도 있어요. 캠핑을 가기 전 그 지역의 야생 동물에 대해 미리 찾아보세요.

준비물을 잘 챙겨요

출발하기 전에 모험을 즐기기 위한 준비물을 꼼꼼히 챙겨요. 날씨도 꼭 확인하고요! 덥거나 비가 오거나 추운가요? 적당한 옷을 챙겨 입어서 몸을 따뜻하고 안전하고 깨끗하고 젖지 않게 하세요.

- 물건을 수집할 빈 가방
- 모자
- 돋보기
- 선글라스
- 선크림
- 간식
- 방수 겉옷
- 연필
- 공책
- 물병
- 튼튼한 신발이나 부츠
- 배낭
- 따뜻한 옷

자연을 보호해요

쿵! 쾅! 퍽! 커다란 손과 발로 모든 것을 쓸어버리는 거인이 나타났다!
자연 탐험을 떠날 때 어설픈 거인이 되지는 말자고요. 작고 멋진
생명들과 자연 속에서 함께 살아가는 법을 배워 봐요.

동물들의 집을 지켜 주세요

꽃과 식물을 꺾고, 나뭇가지를 부러뜨리고,
썩은 나무를 버리면 안 돼요. 열매, 꽃, 잎, 나무, 과일
모두 곤충과 동물의 먹이와 집이 된답니다.

너보다 약하다고
괴롭히지 마!

쓰레기를 버리지 마세요

쓰레기는 모두 쓰레기통에 버리거나 집에 가져가세요.
포장지나 통은 썩지 않기 때문에 야생 동물을 해칠 수 있어요.
사과나 바나나가 자연스레 자라는 곳이 아니라면 사과 심지나
바나나 껍질마저도 해가 될 수 있어요. 자연을 처음 만난
그대로 지켜 주세요.

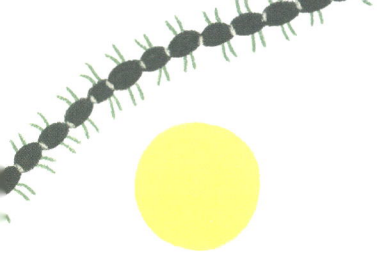

풀을 밟지 마세요

길을 따라 걸으세요. 그래야 잡초와 야생화,
풀과 식물을 밟지 않을 수 있어요.

문은 꼭 닫아 주세요

시골에서 보이는 표지판은 모두 지켜야 해요.
농장 동물들이 사는 들판을 지날 때에는 조용하고
차분하게 걸어요. 그래야 동물들이 놀라지
않으니까요. 항상 거리를 두고, 우리의 문은
꼭 닫아 주세요.

곤충에게도
권리가 있다고!

방해하지 마세요

우리가 탐험 중인 자연은 다른 생명들과
함께 사는 곳이에요. 동물들에게서 조금 떨어지고,
그들의 집을 짓밟거나 차거나 찌르지 마세요.

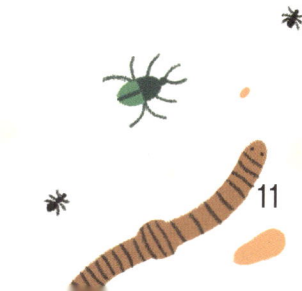

자연을 느껴요

자연은 어디에나 있어요! 우리는 일 년 내내 자연을 듣고 보고 만지고 냄새 맡을 수 있지요. 북적대는 도시도 새소리로 가득해요. 밖으로 나가 봐요. 눈을 크게 뜨고 귀를 쫑긋 열고, 손가락과 코로 자연을 만날 준비를 해요!

들어요!

거리를 걸을 때 무슨 소리가 들리나요? 새가 지저귀는 소리, 나뭇잎이 바스락거리는 소리, 빗방울이 떨어지는 소리, 꿀벌이 붕붕거리는 소리를 들어 보세요.

> 서로 다른 새소리를 세어 봐요. 새소리를 따라 할 수 있겠어요?

맡아요!

숨을 크게 들이쉬어요. 흠! 어떤 냄새가 나요? 깎은 풀이나 축축한 단풍 냄새, 솔잎과 달콤한 허브 냄새, 산들바람에 은은하게 퍼지는 꽃향기가 느껴지나요?

> 학교 가는 길에 여러 냄새를 맡아 봐요. 어디에서 나는 냄새인가요? 달콤한 향, 나무 향, 싱그러운 향, 과일 향 중 어떤 냄새인가요?

봐요!

위아래와 주변을 모두 둘러봐요. 하늘과 식물과 나무를 살펴보면 무지개 색을 발견할 수 있어요. 흘러가는 멋진 구름에서부터 바람에 날리는 작은 씨앗들까지 움직이는 것을 살펴보세요.

초록색인 것 다섯 가지만 찾아볼래요?

만져요!

손가락으로 보물을 찾아봐요. 촉감이 얼마나 다른가요? 거친 나무껍질과 매끄러운 조약돌, 보송보송한 이끼와 부드러운 꽃잎을 만지고 느껴 봐요.

부드러운 잎, 뾰족한 잎, 매끄러운 잎, 울퉁불퉁한 잎을 찾아볼래요?

아무거나 먹으면 안 돼!

창문 카메라 만들기

세상을 바라볼 카메라를 손쉽게 만들어 봐요. 찰칵 찍어 사진을 남길 수는 없지만, 판지 창문을 통해 세상을 보면 놀라운 자연을 만날 수 있을 거예요.

준비물
- 자와 펜
- 판지(다 쓴 시리얼 상자 등)
- 가위

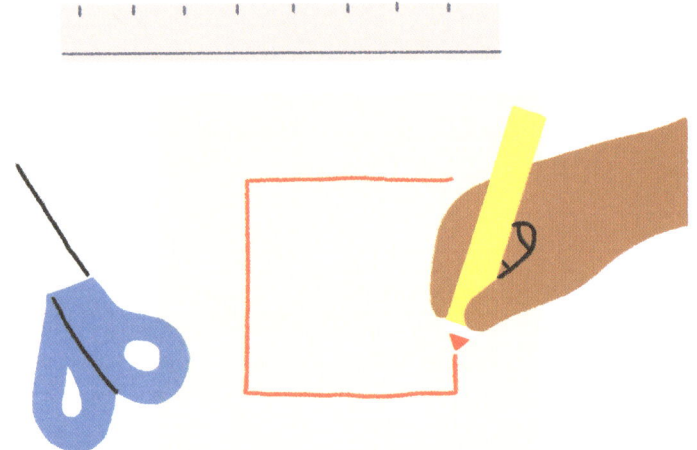

1. 자를 사용해 판지 가운데에 정사각형을 그려요. 정사각형 바깥으로 공간을 남겨 두세요.

2. 가위로 판지 가운데에 구멍을 뚫은 다음, 정사각형을 오려 창문을 만드세요.

3. 창문 카메라, 공책, 펜을 들고 밖으로 나가요. 재미있어 보이는 사물에 다가가 카메라를 대 보세요.

4. 도시에서도 자연을 만날 수 있어요. 도로 틈에서 자라나는 식물이나 돌담에 붙은 꽃들을 관찰해 보세요.

하늘 위 구름은 어떤 동물로 변신할까?

흘러가는 구름

구름은 때로는 하늘을 가로질러 휙 지나가고 때로는 천천히 둥실둥실 흘러가요. 구름을 보면 바람이 부는 방향을 알 수 있어요. 손가락 끝에 침을 묻혀 세워 봐요. 가장 시원하게 느껴지는 쪽이 바람이 불어오는 방향이에요.

구름 관찰하기

이런 구름 모양을 찾아봐요.

- 성긴 줄 모양
- 비늘처럼 줄지은 모양
- 아래가 평평한 솜털 구름
- 어둡고 우뚝 높이 솟은 구름

비가 올까? 맑을까?

새하얀 뭉게구름은 날이 맑을 거라는 뜻이에요. 빗방울로 가득한 먹구름은 곧 비가 내릴 거라는 뜻이죠.

햇빛이 쨍쨍하면 선글라스를 꼭 써야 해. 해를 바로 보지 않도록 조심하고.

동물 모양으로 변신하는 구름을 본 적 있나요?
안전하고 편안한 곳에 누워서 하늘을 올려다보세요.
매일매일 전혀 다른 모양의 구름이 지나가요.

나무 딸랑이 만들기

손쉽게 악기를 만들어 흔들어 봐요! 재미있고 알록달록한 딸랑이는 밖에서 음악을 즐기기에 아주 좋아요. 자연이나 집 근처에서 찾은 잡동사니들로 충분히 만들 수 있어요.

준비물
- Y자 모양 나뭇가지
- 줄이나 실
- 구슬, 단추, 조개, 열매, 씨앗 등 가운데 구멍이 뚫린 물건

1. Y자 모양으로 생긴 작은 나뭇가지를 찾아요. 나뭇가지의 양쪽 팔 사이에 딸랑이를 만들 거예요.

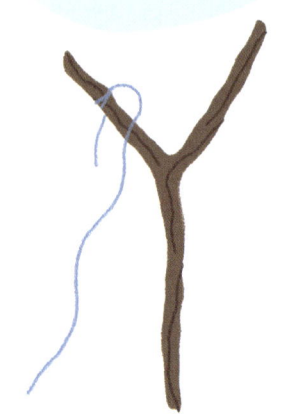

2. 나뭇가지 한쪽 팔에 줄을 여러 번 묶어요. 줄이 다른 팔에 닿을 수 있도록 넉넉히 남겨 두세요.

살아 있는 걸 따거나 아무거나 먹으면 안 돼!

3. 주변에서 찾은 물건들을 줄에 꿰어요. 그러고 나서 다른 팔에 줄을 여러 번 묶어요.

4. 이제 리듬에 맞춰 나무 딸랑이를 흔들어 봐요. 여러 개 만들어서 친구들과 함께 숲속 악단을 꾸려 보세요.

벌레 관찰하기

땅을 살펴 작은 벌레들이 숨어 있는 곳을 찾아봐요.
나뭇잎과 썩은 통나무 사이에서 기어가고 꿈틀대고 굴을 파거나
스르르 지나가고 있을 거예요.

준비물
- 돋보기
- 작은 숟가락

작은 벌레들은
대부분 바위 밑에 살아요.
땅 위에 있는 큰 돌을 찾아
뒤집어 보세요.

얼마나
다양한 벌레가
보이나요?

부드럽고 썩은 나무를 '고목'이라고 불러요.
'고목'은 온갖 벌레들의 집이 되어 줘요. 오래된
통나무의 구석과 구멍을 들여다보거나 떨어진
나뭇가지를 들추면, 벌레들을 찾을 수 있어요.

숟가락으로 벌레를 살짝 들어 올려, 돋보기로
더 자세히 관찰해 보세요. 더듬이와 입이
잘 보이나요? 다리는 몇 개인가요?

곤충 호텔을 지어요

숲속에 작은 쉼터를 만들어 동물들이 편하게 쉴 수 있도록 꾸며 줘요. 벌레들이 들어오는지 기다려 보자고요!

1. 나뭇가지, 나무껍질, 깃털, 돌멩이 등을 모아요.

2. 나무 그루터기처럼 그늘진 곳을 골라요.

3. 나뭇가지와 잎으로 쉼터를 지어요. 쉼터 안에는 돌멩이 의자와 깃털 침대도 만들어 줘요.

지네와 노래기는 어떻게 다를까요?

지네는 몸의 마디마다 다리 한 쌍이 있어요. 노래기는 마디마다 다리 두 쌍이 있고요.

꿀벌은 소중해요

꿀벌은 아주 중요한 곤충이에요. 정말 큰일을 하거든요. 우리가 먹는 과일과 채소 대부분은 꿀벌의 도움 없이 자랄 수 없어요.

꿀벌은 꽃 피는 식물과 나무 사이를 붕붕거리며, '넥타'라는 달콤한 주스를 마셔요. 또 꿀벌은 꽃에서 꽃가루를 모으고 먹어요. 꽃가루는 식물이 씨앗을 만들 때 필요한 끈끈한 가루예요.

꿀벌은 꽃가루 모으기 선수예요. 다리에 난 작은 털에 꽃가루가 달라붙거든요.

꿀벌은 꽃과 꽃 사이를 날아다니며 꽃가루를 다른 꽃에 옮겨 줘요. 이걸 '꽃가루받이'라고 해요.

'꽃가루받이'가 일어나면 씨앗이 만들어져요. 많은 식물의 씨앗은 과일과 채소 안에서 자라나요.

나비, 몇몇 말벌, 나방, 파리, 딱정벌레도 꽃가루받이를 해요.

위험에 처한 꿀벌

사람들이 집을 짓고 농사를 짓는다는 이유로, 꿀벌과 나비가 먹고 사는 자연을 해치고 있어요.

곡물을 잘 자라게 하려고 화학 약품을 뿌려서 꿀벌과 곤충들이 해를 입기도 해요.

꿀벌을 지켜 줘요!

여러분이 사는 동네의 꿀벌을 지키려면 이렇게 하세요.

- 꿀벌과 나비에게 어울리는 꽃을 찾아, 집 마당이나 창틀에 씨앗을 심으세요.
- 학교 뒤뜰에 꽃을 심어도 되는지 물어보세요.
- 키가 큰 풀을 심거나 잔디가 자라도록 놔두세요. 꿀벌이 먹고 날아다니다 잔디 그늘에서 잠시 쉬어 갈 수 있을 거예요.
- 곤충 호텔을 만들거나 뜰에 오래된 나무를 놓으세요. 꿀벌과 나비에게 좋은 쉼터가 되어 줄 거예요.
- 어른들에게 곤충을 죽이는 화학 약품은 뿌리지 말라고 말해 보세요.

목마른 꿀벌과 나비를 위해 얕은 접시에 물을 채워 주세요.

나무껍질 문지르기

나무껍질에는 사람의 지문처럼 주름과 소용돌이가 있어요.
종이와 크레파스를 들고 나무에게 가 보세요.
알록달록 예쁜 무늬가 보일 거예요!

준비물
- 크레파스
  (포장지는 벗기세요.)
- 종이

이 나무가 딱 좋네!

1. 먼저 나무를 골라요. 껍질에 신기한 무늬가 있는 나무일수록 좋아요.

2. 종이를 나무 기둥에 대요. 크레파스를 가로로 누여서 부드럽게 종이 위를 문질러요.

3. 나무껍질 무늬가 종이 위에 드러날 거예요. 나무 종류마다 다른 무늬를 가지고 있어요. 몇 개나 찾았나요?

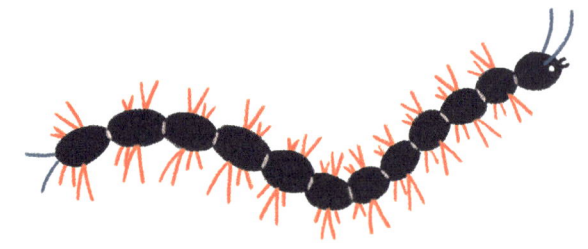

나무껍질 안에 집을 짓고 사는 동물들도 많아. 크레파스로 문지를 때 우리를 방해하지 말아 줘!

자연 속 비밀 장소

나무 사이에 쉼터를 만들 수 있다면 굳이 텐트가 필요할까요? 야생 동물을 관찰하고 비를 피하고 친구랑 놀기에도 안성맞춤이지요.

준비물
- 굵은 밧줄
- 방수포, 낡은 천이나 담요
- 묵직한 돌

1. 기둥이 굵지 않고 가까이 서 있는 나무 두 그루를 고르세요.

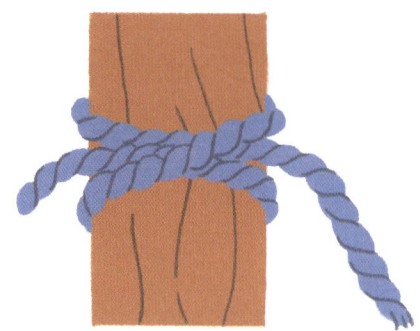

2. 밧줄 한쪽을 나무 기둥에 묶어 주세요. 밧줄이 미끄러지지 않도록 나무의 튀어나온 부분에 밧줄을 묶어요.

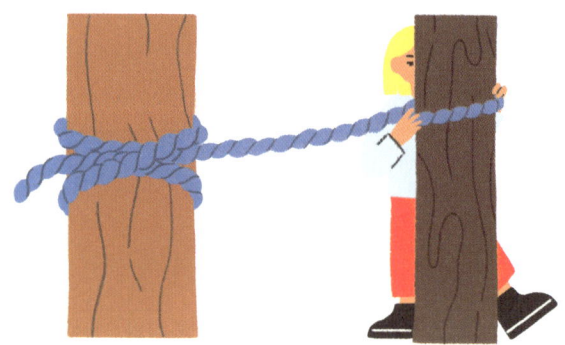

3. 밧줄 한쪽을 반대편 나무에 같은 높이로 묶어 주세요.

4. 방수포, 낡은 천이나 담요를 줄 위에 걸쳐요.

집에 가기 전에 비밀 장소를 정리하고, 네가 만든 물건은 꼭 집에 가져가 줘.

5. 천 양쪽을 잡아 당겨 가장자리를 돌로 눌러 주세요.

비바람을 막아 주는 담

나뭇가지를 활용해서 비바람으로부터 쉼터를 지킬 수 있어요. 가는 나뭇가지를 굵은 나뭇가지 사이에 끼워 넣은 후, 땅에 세워 봐요. 그리고 나뭇가지 사이를 잎과 진흙으로 메워요. 이렇게 하면 비밀 장소가 더 비밀스러워질 거예요!

모닥불 피우기

캠프에 모닥불이 빠질 수 없지요. 그 전에 모닥불을 안전하게 만드는 법을 배우는 게 무척 중요해요. 우리와 동물과 자연 모두에게 위험한 상황을 만들면 안 되니까요. 어른의 도움을 받으며 순서대로 따라 해 보세요. 일단 불을 피우면 몸을 따뜻하게 하고 요리도 할 수 있고 어둠 속에서 반짝이는 불빛도 볼 수 있어요.

준비물
- 불쏘시개, 땔감
- 방화용 장갑
- 솜뭉치(있으면 더 좋아요.)
- 부싯돌이나 성냥 등 불붙이는 도구
- 물이 든 큰 양동이

> 캠핑 장소에서 땔감을 모아도 되는지 꼭 확인해 봐.

> 바람이 심하거나 너무 덥고 건조한 날에는 불을 피우면 안 돼. 불이 빠르게 번질 수 있거든.

> 국립 공원, 숲, 공공장소 중에 불 피우기가 금지된 곳도 많아. 꼭 먼저 확인하렴.

> 불에서 안전거리를 유지해. 불을 지키는 사람이 꼭 있어야 해.

땅에서 마른 풀, 솔잎, 나무껍질 등을 모아요. 처음 불을 피울 때 불쏘시개가 되어 줄 거예요.

밑불이 되어 줄 솔방울, 마른 잎, 나뭇가지 등을 양손 가득 모아요. 나뭇가지는 연필 굵기가 적당해요.

솔잎

솔방울

나무껍질

나뭇가지

마른 풀

마른 잎

엄지손가락 굵기와 손목 굵기의 나뭇가지를 모아 땔감으로 쓸 거예요.

불을 붙여요

어른이 항상 옆에 있어야 해!

1. 텐트에서 떨어져 있고 위에 드리워진 나무가 없는, 평평한 곳을 골라요. 잔가지나 잎은 모두 쓸어 내요.

2. 빈터에 굵은 나뭇가지 네 개를 정사각형 모양으로 놓아요. 이렇게 하면 불이 번지지 않아요.

3. 불 피울 곳 근처에 땔감과 방화용 장갑, 물 양동이를 준비해 두어요.

4. 솜뭉치가 있다면 뜯어서 작은 불쏘시개 더미에 올리세요. 이 위에 밑불이 될 재료들을 올려 주세요.

다 끝난 뒤에는 양동이에 든 물로 불을 꼭 꺼 줘.

5. 불붙이는 도구를 활용해 불쏘시개에 불을 붙이세요.

6. 밑불 재료들을 더 넣은 후, 작은 땔감부터 넣어 주세요.

모닥불 주변에 둘러앉기

모닥불을 피우면 특별하고 마법 같은 순간을 누릴 수 있어요. 따뜻하고 반짝이는 불길 주위에 모여 앉아 다 함께 노래하고 이야기 나누고 눈을 감은 채 잠시 쉬어 보세요.

수천 년 동안 사람들은 모닥불 주변에 둘러앉아 이야기를 주고받았어요. 옛날 사람들과 장소에 얽힌 전설이 대대로 이어지고, 아름다운 영혼과 으스스한 유령에 대한 이야기도 전해졌죠.

모닥불 곁에서 노래를 불러요

모닥불에 둘러앉아 노래를 불러 봐요. 모두가 아는 노래를 골라 새롭게 가사를 붙여 함께 불러요.

돌아가며 이야기를 지어 봐요

한 사람이 문장을 지어내면, 두 번째 사람이 첫 문장을 반복한 뒤 두 번째 문장을 붙여요. 다음 사람은 앞의 두 문장을 반복한 뒤 세 번째 문장을 붙여요. 이렇게 계속 이어나가는 거예요. 끝을 알 수 없는 길고 긴 이야기가 태어날 거예요!

자연 탐험을 하면서 영감을 받은 재미있고 멋지고 신비로운 이야기를 지어낼 수 있겠어요?

밖에서 요리하기

신선한 바깥 공기를 마시며 먹는 음식은 훨씬 더 맛있어요! 숯불이나 모닥불에서 만든 요리로 꼬르륵거리는 배를 실컷 채워 봐요.

구운 감자

1. 감자 껍질에 올리브기름을 조금 발라요. 포크로 감자에 구멍을 뚫어, 요리할 때 김이 빠져나오게 해 주세요. 이제 은박지로 감자를 감싸요.

2. 어른들의 도움을 받아 숯불이나 타다 남은 모닥불 위에 집게로 감자를 올려요. 20분 동안 구운 뒤, 반대로 뒤집어 20분을 더 구워 주세요.

3. 어른들에게 내열 장갑을 끼고 감자를 꺼내 달라고 부탁해요. 감자가 부드럽게 잘 익었는지 찔러 보세요.

4. 5분 동안 식힌 뒤 잘라요. 감자 위에 버터를 올려서 맛있게 먹어요. 냠냠!

준비물
- 중간 크기 감자
- 올리브기름
- 포크
- 은박지
- 집게
- 내열 장갑
- 버터
- 칼

남은 음식이나 쓰레기는 꼭 챙겨가야 해.

숯불이나 모닥불에 음식을 넣고 꺼낼 때는 항상 어른들에게 부탁해.

꽈배기 빵

준비물
- 나뭇가지
- 밀가루 1컵
- 베이킹파우더 2작은술
- 소금 1작은술
- 큰 그릇
- 설탕 약간
- 올리브기름 1/4컵
- 물 2/3컵

1. 손가락 두 개 굵기에 팔 길이만큼 긴 나뭇가지를 찾으세요. 나뭇가지에 묻은 흙이나 잎을 털어서 깨끗이 닦아 주세요.

2. 그릇에 밀가루, 베이킹파우더, 설탕, 소금을 넣으세요. 올리브기름과 물도 섞어 반죽을 만들어요.

3. 반죽을 여섯 덩이로 나눠 얇은 소시지 모양으로 밀어 주세요. 나뭇가지 끝부터 반죽으로 감싼 다음, 반죽 양 끝을 꾹 눌러 주세요.

4. 숯불이나 타다 남은 모닥불 위에 나뭇가지를 잘 올려 두세요. 불길에 바로 닿으면 안 돼요. 빵이 구워지는 동안 계속 돌려 주세요.

5. 빵이 노릇노릇해지면 나뭇가지에서 빵을 떼어 내세요. 맛있는 소스에 찍어 먹어도 좋아요!

별 헤아리기

맑은 밤에 담요를 깔고 누워 반짝이는 별을 올려다 봐요.
몇몇 별들을 선으로 이으면 무늬가 만들어져요.
이걸 별자리라고 불러요.

이런 별자리가 보이나요?

- 백조자리
- 전갈자리
- 사자자리

동네의 별자리 지도를 다운로드하거나 휴대폰 앱을 활용해, 별자리와 행성을 찾아봐요.

북두칠성은 큰곰자리라고 불리는 커다란 별자리의 꼬리예요. 일곱 개의 빛나는 별은 국자 모양처럼 보여요. 곰의 머리와 다리도 찾을 수 있나요?

달 표면에 커다란 구멍이 보이나요?

이걸 '분화구'라고 불러요. 달에 운석이 부딪쳐 생긴 흔적이지요.

별똥별을 찾아볼래요?

별똥별은 빛을 내며 하늘을 가로질러요. 사실 별똥별은 우주를 빠르게 지나가는 바위나 먼지예요. 이 바위나 먼지가 지구를 둘러싼 대기권에 들어오면 불이 붙어 우리가 보는 빛을 내는 거예요.

나무의 생김새

어떤 나무는 가늘고 뾰족하고 어떤 나무는 굵고 잎이 많아요.
어떤 나무는 빽빽한 열대 정글에서 자라고, 어떤 나무는 건조한 사막에서
홀로 자라요. 수많은 종류의 나무가 있지만, 나무들은 비슷한 점이 많아요.

모든 나무는 뿌리, 기둥, 껍질, 가지, 잔가지, 잎을 가지고 있어요. 각각 나무의 어떤 부분인지 찾을 수 있나요?

잎이 떨어지는 낙엽수

낙엽수는 춥고 건조한 날씨를 대비한
양분을 저장하기 위해 잎을 떨어뜨려요.
지구의 서늘한 지역에서는 가을에
잎을 떨어뜨리고, 따뜻한 지역에서는
건조한 계절에 잎을 떨어뜨리지요.

아름다운 나뭇잎

잎 모양을 보면 낙엽수인지 아닌지를
알 수 있어요. 대부분의 낙엽수는
평평하고 넓은 잎을 가지고 있지요.

목마른 뿌리

뿌리는 나무를 튼튼히 받쳐 줘요.
또한 나무가 자라는 데 필요한 물과
양분을 흙에서 빨아들여요.

늘 푸른 상록수

상록수는 일 년 내내 잎이 떨어지지 않아요.
잎은 대부분 바늘처럼 가늘고 뾰족해요.

- 주위에 보이는 나무를 그려 보세요. 나무의 각 부분을 구분할 수 있나요?
- 과일, 열매, 견과류가 나는 나무를 찾아보세요.

특별한 씨앗

씨앗은 여러 종류가 있어요. 체리 안의 단단한 씨앗, 마로니에 껍질 안에 들어 있는 열매, 솔방울의 비늘도 모두 씨앗이에요. 바람의 도움을 받아 날아가기 위해 날개가 달린 씨앗도 있어요!

나무에 오르기

나무 위에 오르면 무엇이 보이나요?
맑고 화창한 날 나무 위에 올라가 앉을 자리를 골라 봐요.
그리고 나뭇잎 사이로 살펴봐요.

짹짹! 새 둥지나 벌집이 있는 나무에는 절대 오르면 안 돼!

알맞은 옷을 입어요

- 운동화처럼 미끄러지지 않는 신발을 신어요. 장화나 슬리퍼는 미끄러져서 안 돼요!
- 나뭇가지에 걸리지 않을 옷을 골라 입어요.

완벽한 나무를 골라요

이런 점을 잘 살펴보세요.
- 나뭇가지에 평평한 공간이 있나요?
- 나무의 몸통이 휘거나 비지 않고, 곧고 튼튼한가요?
- 나뭇가지가 단단한가요? 금이 가거나 썩지 않았나요?
- 나무 아래 땅은 푹신한가요?
- 땅에 가시덤불이나 날카로운 물건은 없나요?

나무에 올라요

나무를 잘 타려면 이런 점을 지켜 주세요.

- 오를 때는 위쪽을, 내려올 때는 아래쪽을 봐야 해요.
- 나무의 몸통에 가깝고, 굵은 가지에 서야 해요. 가장 튼튼하니까요.
- 각 나뭇가지에 오르기 전에 안전한지 확인해 봐요.
- 손과 발을 댈 수 있는 옹이, 구멍, 나무껍질의 튀어나온 부분을 찾아요.
- 항상 양손과 한 발 또는 양발과 한 손을 나무에 대고 있어요.
- 손에는 아무것도 쥐면 안 돼요.
- 같은 길로 올라갔다 내려오세요.
- 천천히 올라가야 해요!

나무의 인생 이야기

모든 나무는 한가운데부터 자신의 인생 이야기를 남겨요. 나무의 그루터기를 찾아 고리 모양을 살펴봐요!

나이를 먹어요

매년 나무의 몸통에는 새로운 세포층이 자라요. 이 세포층이 바로 나무의 그루터기에서 본 고리, 즉 나이테예요.

나무는 수천 년을 살 수 있어요! 세상에서 가장 나이 많은 나무는 무려 오천 살이 넘죠!

이 나이테는 나무가 태어난 첫해를 뜻해요.

나도 내 나이를 세어 볼래!

음! 오래된 게 맛있어!

나이테를 세어 봐요

나이테마다 밝은 부분과 어두운 부분이 있어요. 나이테 하나는 나무가 한 살 먹었다는 뜻이에요. 나이테를 세어 보면 나무가 몇 살인지 알 수 있지요.

이야기를 읽어요

나이테가 넓으면 그해에 나무가 쑥쑥 자랐다는 뜻이에요. 햇빛과 비가 충분했을 거예요.

나이테가 좁으면 그해에 나무가 조금 자랐다는 뜻이에요. 아마 너무 건조했거나 햇빛이 적게 든 모양이에요. 배고픈 벌레들이 잎사귀를 갉아 먹었을 수도 있고요.

어느 해에는 숲에 불이 나서 검은 흉터가 남았어요.

- 나무의 그루터기가 보일 때마다, 다가가 나이테를 세어 보세요.
- 나무가 몇 살인지 적어 보세요.

동물의 흔적

어떤 동물들은 밤에 활동하고, 또 다른 동물들은 사람이 가까이 가면 숨어 버려요. 동물들이 남긴 흔적을 따라가면서, 그 길을 지나간 동물을 맞혀 봐요.

동물 발자국

질척하거나 눈 내린 땅 위에 남겨진 동물 발자국은 찾기 쉬워요. 근처에서 이런 발자국을 본 적이 있나요?

발굽이 있는 동물은 누구일까요?

- 찾아낸 발자국을 그리고 동물의 이름을 적어 보세요.
- 발자국을 찾은 곳은 어디인가요? 발자국은 어디로 향하고 있었나요?

동물의 집

- 다람쥐가 나뭇가지로 만든 나무 위의 집을 찾아보세요.

- 새가 잔가지나 이끼, 진흙으로 만든 둥지를 찾아보세요. 속이 빈 나무에 지어진 둥지도 있어요.

- 땅에서 움푹한 구멍을 찾아보세요. 토끼, 여우, 오소리, 여러 동물들이 땅속에 굴을 파고 살아요.

찾은 뒤에는 손을 꼭 씻어야 해. 아무거나 집어 가지도 말고.

동물이 남긴 흔적

동물이 남기고 간 흔적들을 찾아봐요.

새가 몸을 청소하면서 땅에 떨어뜨린 **깃털**

새나 다람쥐가 먹고 남긴 **열매 껍질**

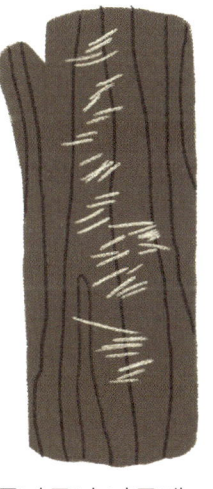

통나무나 나무에 남겨진 **흠집**

울타리나 기둥에 얽힌 **털**

애벌레나 다른 벌레가 갉아 먹은 **잎**

땅에 남겨진 **배설물**

물에서 놀기

날씨가 따뜻해지면 연못이나 시냇가에서 자연을 탐험하는 것도 재미있어요. 웅덩이에서 참방거리기만 해도 얼마나 즐거운데요!

물가에서는 안전을 지켜야 해요!

- 고무장화나 슬리퍼를 신어요. 물속에 날카로운 물체가 있을지도 모르니까요.
- 방수 바지를 입거나 갈아입을 옷을 준비해요.
- 친구를 밀면 안 돼요.
- 꽁꽁 언 호수나 연못 위에 서 있지 마세요.

> 물가에서 놀 때는 항상 어른이 옆에 있어야 해.

준비물
- 그물이나 윗부분에 끈을 매단 유리병
- 작은 양동이나 통

연못 생물 잡기

1. 앉을 만한 안전한 강둑을 찾아요. 또는 쉽게 드나들 수 있는 얕은 물에 들어가요.
2. 양동이에 물을 채운 다음, 그물이나 유리병을 물속에서 앞뒤로 천천히 움직여요.
3. 잡은 생물을 양동이에 넣어요.
4. 그중 이름을 아는 생물이 있나요? 다 살펴본 뒤에는 연못에 다시 풀어 주는 걸 잊지 마세요!

준비물

- 큰 돌
- 나뭇가지
- 작은 돌멩이와 자갈

댐 쌓기

시냇가나 강에서는 물이 돌과 바위 사이를 흘러가요. 얕은 물에 나뭇가지와 돌을 쌓아 댐을 만들어 봐요. 흘러가는 물을 막을 수 있나요?

돌아가기 전에 댐을 꼭 치워야 해!

댐을 쌓기 전과 쌓은 후, 큰 나뭇가지로 물의 깊이를 재어 봐요.

지도 보기

모험을 떠나기 전에 지도를 펼쳐, 목적지로 가는 가장 좋은 길을 살펴봐요. 지도에서 길을 따라 재미있는 것들을 발견할 수도 있어요!

집에 있는 지도를 찾거나 인터넷에서 다운로드해 보세요.

무슨 표시지?

대부분의 지도에는 '범례'라는 것이 있어요. '범례'는 지도에 그려진 온갖 선과 기호가 무슨 뜻인지 알려 주지요. 기호의 뜻을 알면, 기찻길 근처로 소풍을 가거나 주차장으로 캠핑을 떠나는 건 피할 수 있지요!

범례

호수 · 연못 · 길 · 오솔길 · 강 · 숲 · 풀밭 · 다리 · 기찻길

기차역 · 버스 · 주차장 · 전망대 · 교회 · 병원 · 학교 · 소풍 장소

얼마나 높을까?

물결무늬 선은 '등고선'이라고 해요.
'등고선'은 땅이 얼마나 평평한지 또는
얼마나 높은지를 표시하는 선이에요.

선이 없거나 선 사이가 넓으면,
땅이 평평하다는 뜻이에요.

선 사이가 가까우면
땅이 경사지다는 뜻이고요.

동그라미 속 숫자는
언덕이나 산꼭대기의
높이를 뜻해요.

얼마나 멀까?

지도에 그려진 모든 건 종이 크기에 맞게 줄인 거예요. 실제로 얼마나 크고 먼지 알고 싶다면, '줄인자'를 보세요.

'줄인자'를 보면 실제 거리가 어느 정도 줄었는지 알 수 있어요.

나만의 지도 그리기

살고 있는 동네나 학교 가는 길을
지도로 그려 봐요.

길, 건물, 공원 등을
그려 넣어요.

나만의 지도 기호를
만들어 볼래요?

등고선을 그려
언덕과 비탈을
표시하세요.

솔방울 먹이 만들기

겨울철에는 새들이 먹을 열매나 벌레가 별로 없어요.
새 친구에게 씨앗이 가득 들어 있는 먹이를 만들어 주세요.

준비물

- 그릇
- 새 모이
- 건포도
- 부드러운 돼지기름이나 마가린
- 줄
- 말린 솔방울

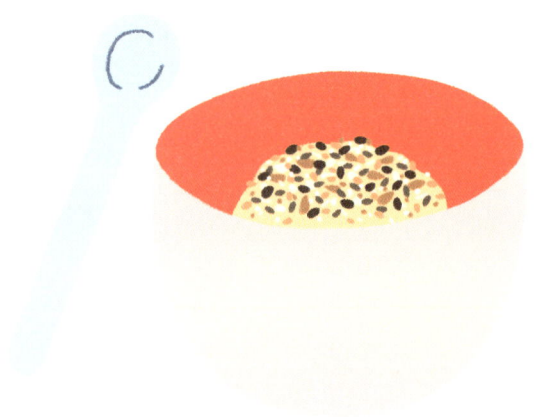

1. 새 모이, 건포도, 돼지기름이나 마가린을 반 컵씩 그릇에 넣어 섞으세요.

2. 줄을 솔방울에 묶고, 나무에 걸 수 있을 만큼 길게 남겨 주세요. 솔방울 사이사이에 만든 먹이를 채우세요.

3. 솔방울 먹이를 냉장고에 넣어 굳히세요. 베란다나 정원 나무에 걸어 두고, 새가 와서 먹는지 지켜보세요.

장애물 코스

준비물
- 나뭇가지
- 돌
- 큰 그루터기

친구나 가족과 함께 숲속 장애물 코스에 도전해 봐요. 속도, 힘, 운동 기술을 시험할 활동들을 짜고, 나만의 장애물도 만들어요.

돌부리나 구멍에 걸려 넘어지지 않게 조심해.

길 안으로 밖으로

나뭇가지와 돌을 늘어놓아 길을 만들어요. 최대한 빨리 장애물 안팎으로 움직여 달려야 해요.

위로 아래로

그루터기나 돌 두 개 위에 나뭇가지를 균형 맞춰 얹어요. 나뭇가지를 떨어뜨리지 말고 위로 폴짝 뛰거나 아래로 기어서 통과해야 해요.

매달리기

튼튼하고 낮은 가지가 있는 나무를 골라요.
나뭇가지에 가장 오래 매달리는 사람은
누구인가요?

건너가기

낮고 튼튼한 그루터기들을 찾아 한 줄로 세워요.
흔들리거나 넘어지지 않도록 잘 세워 주세요.
떨어지지 않고 그루터기를 차례로 건너가도록 해요.

나뭇가지로 표시한 길

숲에서 나뭇가지를 이용해 친구들과 숨바꼭질을 해 봐요.
팀을 짜서 흔적을 남기거나 상대를 찾아내는 거예요.

1. 나뭇가지를 많이 모은 뒤 두 팀으로 나눠요. 각 팀은 두 명 이상이어야 해요.

2. 공원이나 숲의 나무 한 그루를 기지로 삼아요. 모든 팀원이 이곳으로 돌아와야 해요.

3. 찾는 팀은 기지에서 눈을 감은 채 100까지 세면서 기다려요. 그동안 상대 팀은 숨어요.

4. 숨는 팀은 땅에 나뭇가지로 모양을 만들어 길을 표시해요. 얼른 숨고 상대 팀이 찾으러 오기를 기다려요.

5. 찾는 팀은 나뭇가지 표시를 따라 상대 팀을 찾으러 가요. 찾는 데 성공하면 서로 역할을 바꿔 놀이를 계속해요.

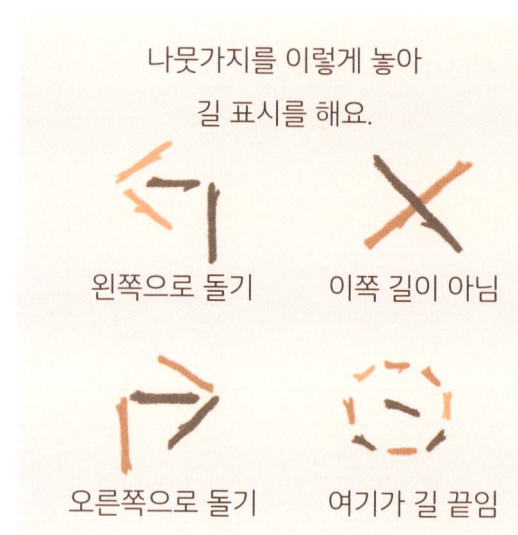

나뭇가지를 이렇게 놓아 길 표시를 해요.

왼쪽으로 돌기 | 이쪽 길이 아님
오른쪽으로 돌기 | 여기가 길 끝임